Lothar Gassmann

Der Countdown läuft

Wie weit sind wir in der Endzeit?

Selbstverlag Dr. Lothar Gassmann

Lothar Gassmann

Der Countdown läuft

Wie weit sind wir in der Endzeit?

Selbstverlag Dr. Lothar Gassmann

Pforzheim 2020

www.L-Gassmann.de

Titelfoto (Collage): Stefan Peters

Inhalt

Wann hat die Endzeit begonnen?

Erstes Jahrhundert: Das Kommen des Messias und die Entstehung der Urgemeinde

2.-4. Jahrhundert: Die Entstehung der Staatskirche und die Vermischung mit der Welt

7. Jahrhundert: Der Islam und die Ausbreitung des Antichristentums

16. Jahrhundert: Die Reformation und die Ausbildung unterschiedlicher Kirchen

18. Jahrhundert: Die Französische Revolution und die Ausbreitung der Gottlosenbewegung

1948: Die Gründung des Staates Israel: Der Countdown des letzten Stadiums der Endzeit beginnt zu laufen!

1967 / 68: Die Zurückeroberung Jerusalems und die Studentenrevolution

1997: Harry Potter und die Inthronisierung des Okkultismus

2009: Die Wiederaufrichtung des Römischen Reiches in Gestalt der Europäischen Union

30. Juni 2017: Der „schwarze Freitag“. Deutscher Bundestag stimmt mehrheitlich für „Ehe für alle“

20. und 21. Jahrhundert: Werden jetzt das Bild des Tieres und das Malzeichen des Antichristen Realität?

21. Jahrhundert: Die Züchtung von Mischwesen und das Streben des Transhumanismus nach Gottgleichheit

2020: Corona - ein winziges Virus und die weltweiten Folgen

Gottes Wort ist wahr. Jesus kommt bald

Tabelle: Wie weit sind wir in der Endzeit?

Bücher zur Vertiefung

Wann hat die Endzeit begonnen? [1]

Manche antworten: „Mit der Staatsgründung Israels im Jahr 1948!“ Gut, damit begann die Endzeit im engeren Sinn! Aber insgesamt ist das schon viel zu spät angesetzt ...“

Die Endzeit im weiteren Sinn begann mit dem Kommen des Messias und dem Entstehen der Gemeinde. Als der Herr Jesus auf der Erde erschienen ist, als „das Wort Fleisch wurde“ und „die Zeit erfüllt ward“ (gemäß Johannes 1, 14 und Galater 4,4), da hat die Endzeit begonnen. Nach der Himmelfahrt Jesu und seit Pfingsten, als der Heilige Geist gesandt wurde, wird die Gemeinde eingesammelt. Der Countdown zur Wiederkunft Jesu Christi läuft!

In Apostelgeschichte 1,9-11 wird uns folgendes gesagt:

Und als Er (Jesus) dies gesagt hatte, wurde Er vor ihren Augen emporgehoben, und eine Wolke nahm Ihn auf von ihren Augen weg. Und als sie unverwandt zum Himmel blickten, während Er dahinfuhr, siehe, da standen zwei Männer in weißer Kleidung bei ihnen, die sprachen: Ihr Männer von Galiläa, was steht ihr hier und seht zum Himmel? Dieser Jesus, der von euch weg in den Himmel aufgenommen worden ist, wird in derselben Weise wiederkommen, wie ihr Ihn habt in den Himmel auffahren sehen!

Die Himmelfahrt Jesu und die Wiederkunft Jesu – beides ereignet sich auf dem Ölberg vor Jerusalem! Wenn Jesus wiederkommt, wird Ihn die ganze Welt

---

[1] Diese Ausführungen gehen auf eine Predigt zurück. Sie wurde später durch weitere Fakten ergänzt. Der Redestil wurde beibehalten.

sehen. Denn Er wird auf den Wolken des Himmels für alle sichtbar erscheinen.

Nun folgt eine chronologische Endzeitbetrachtung in aller Kürze. Für alle Leser, die eine vertiefte Darstellung der hier nur skizzenhaft angesprochenen Themen suchen, verweise ich auf die im Anhang aufgeführte Literatur. Darin finden sich auch zahlreiche Belege für die hier gemachten Äußerungen.

Ich beginne mit den Ereignissen im Zusammenhang mit dem Erscheinen von Jesus Christus im 1. Jahrhundert.

Erstes Jahrhundert: Das Kommen des Messias und die Entstehung der Urgemeinde

Wenn wir die Chronologie einmal durchgehen, dann betrachten wir zuerst die Zeit um das Jahr 30 nach Christi Geburt.[2] Da geschahen Jesu Kreuzigung,

---

[2] Das genaue Jahr der Kreuzigung Jesu Christi ist in der Auslegung umstritten. Interessant finde ich die Argumentation des Hope Bible Instituts, die ich deshalb etwas ausführlicher zitiere:

„Die Kreuzigung Jesu durch die Römer kann nur im Jahr 31 n. Chr. stattgefunden haben."

In der Bibel finden wir nur spärliche Zeitangaben über das Leben Jesu. ... Trotzdem können wir das Jahr der Kreuzigung Jesu bestimmen, wenn wir die Angaben der Bibel mit historischen Ereignissen im römischen Reich vergleichen. Demnach trat Johannes der Täufer im fünfzehnten Jahr des Kaisers Tiberius auf (Lukas 3,1ff.). Wenn wir davon ausgehen, dass Lukas sich hier nach dem jüdischen Kalender richtete (das jüdische Jahr begann im Monat Tischri, *im Oktober/September), dann ist dies der Spätherbst 27 n. Chr. gewesen.*

Als Jesus von Johannes getauft wurde und seinen Dienst begann, war er etwa 30 Jahre alt (Lukas 3,21-23; Matthäus 3,1.13). Seine Taufe fand wahrscheinlich schon kurz nach dem Auftreten des Johannes statt. Jesus zog anschließend dreieinhalb Jahre durch Palästina

Jesu Auferstehung, Seine Himmelfahrt, die Ausgießung des Heiligen Geistes an Pfingsten und - damit untrennbar verbunden - die Entstehung der christlichen Gemeinde. Die Zeit der Gnade begann und löste die Zeit des Gesetzes ab, das eine Vorbereitung auf das Kommen des Messias war.

Ca. 90 nach Christus empfing der Apostel Johannes durch den erhöhten Jesus und Seinen Engel eine gewaltige Offenbarung auf der Insel Patmos in der Ägäis im griechischen Meer, vor Ephesus gelegen. Dorthin war der Apostel in die Verbannung geschickt worden. In der Johannesoffenbarung erfahren wir von der Vollendung alles dessen, was Gott bestimmt hat - von der Erschaffung der Welt bis zum Ziel der gesamten Heilsgeschichte.

Gott hat die sieben Sendschreiben geoffenbart, die sich auf Orte in Kleinasien (in der heutigen Türkei) zentrieren: die Gemeinden in Ephesus, Smyrna, Thyatira, Pergamon, Sardes, Philadelphia und Laodicea. Diese sieben Gemeinden werden angeschrieben. Jede Gemeinde empfängt eine etwas andere Verheißung sowie in der Regel Tadel, Lob und Ermutigung. Es gibt zwei Gemeinden, die keinen Tadel erhalten: Smyrna (die leidende Gemeinde) und Philadelphia (die Gemeinde, welche den Herrn lieb

---

(Johannes 2,23; 5,1; 6,4; 13,1; Johannes berichtet von drei Passahfesten, an denen Jesus teilnahm und von einem „Fest der Juden", das offensichtlich auch ein Passahfest war; die Gründe dafür können hier nicht näher ausgeführt werden). Nach diesen dreieinhalb Jahren wurde Jesus von den Römern unter Pontius Pilatus (26-36 n. Chr. Statthalter in Judäa und Samaria) ans Kreuz geschlagen. Seine Kreuzigung fand also im Frühjahr 31 n. Chr. statt ...

https://www.hope-kurse.at/bibelfragen/fragen_antworten/19/In-welchem-Jahr-wurde-Jesus-gekreuzigt/

hat, die Missionsgemeinde). Es finden sich aber auch Gemeinden, die überhaupt kein Lob bekommen: die tote Gemeinde Sardes - und Laodizäa, die laue „Endzeit-Gemeinde“, die wir jetzt vielerorts erleben

Das Gericht kam historisch über diese Gemeinden in der heutigen Türkei. Der Islam hat viele Menschen dort durch Verfolgung hinweg genommen, die einmal Christen waren. Etliche sind leider zum Islam übergelaufen infolge der Todesandrohung durch das Schwert. So gibt es heute nur noch sehr wenige Christen in Kleinasien. Aber in den ersten Jahrhunderten nach Christus befanden sich dort viele blühende Gemeinden, deren Gläubige Jesus liebten. Daneben aber – wir erfahren es aus den Sendschreiben – existierten aber auch schon erkaltete und tote Gemeinden. Ich hoffe, wir gehören heute zu den in der Liebe zu Jesus brennenden Christen und Gemeinden. Das wünsche ich uns von ganzem Herzen.

Man vermutet, dass spätestens 90 nach Christus die Offenbarung vom Apostel Johannes empfangen wurde und dass damit die Bibel vollendet wurde. Es darf zu ihr nichts hinzugefügt oder von ihr hinweggetan werden - so steht es am Ende der Heiligen Schrift zu lesen (Offenbarung 22,18-19).

2.-4. Jahrhundert: Die Entstehung der Staatskirche und die Vermischung mit der Welt

Blicken wir ins 2., 3. und 4. Jahrhundert, dann sehen wir, dass Gegenströmungen zum biblischchristlichen Glauben immer mehr zunahmen, wie etwa die okkulte Gnosis oder der frühkatholische Mystizismus und Katholizismus mit dem Eindringen des Heidentums in die Kirche.

Auch prägte sich immer stärker eine Staats- und Volkskirche (im Unterschied zur Gemeinde der individuell Gläubigen) heraus, in die jeder durch die Säuglingstaufe – ob er es wollte oder nicht – eingegliedert wurde. Die Volkskirche entstand zunächst im Katholizismus, später auch in den evangelischen Landeskirchen. In diesen finden sich sicherlich auch manche Gläubige, die ihre Bibel lesen und die (zum Teil unbiblischen) Lehren gar nicht kennen oder ausleben. Aber die große Masse der Kirchenmitglieder hat – das zeigt die Erfahrung – niemals eine biblische Bekehrung und Wiedergeburt (gemäß Johannes 3) erlebt. Sie gehört somit noch zur Welt und zu den Verlorenen.

Die Gnosis, die sogenannte „Erkenntnis" lehrt das Eindringen in übersinnliche Bereiche. Sie enthält viele okkulte Elemente. In ihr wird ein mystischer Christus verkündet, aber nicht der biblische Jesus. Mystisch-gnostische Lehrsysteme gab es im Römertum, im Griechentum und schon vorher bei den Ägyptern, Assyrern, Babyloniern, Medo-Persern und vielen weiteren heidnischen Völkern. Man denke nur an die Kulte um Israel herum, etwa bei den Moabitern, Ammonitern, Edomitern usw.

Vermischung contra klare biblische Lehre

Gott sei Dank existierte in der Kirchengeschichte auch immer eine Linie echter Christen, die sich abgesondert haben vom früh- und spätkatholischem System der Vermischung. Die „katholische" Kirche heißt „allumfassende" Kirche. Sie ist dies nur deshalb geworden, weil sie eine ungeheure Assimilationsfähigkeit und Integrationsfähigkeit besitzt. Das heißt: sie hat heidnische Strömungen (bzw. Elemente daraus) einfach in sich aufgenommen.

Ein Beispiel: Was sind die *katholischen Heiligen* eigentlich? Sie sind nichts anderes als die früheren heidnischen Gottheiten in christianisierter Form. Die Heiden verehrten z.B. einen Gott der Heilung, einen Gott des Wassers, einen Gott, der vor dem Feuer schützt usw. An die Stelle solcher „Götter" traten die katholischen Heiligen. St. Blasius etwa soll gut sein gegen Blasenleiden oder St. Florian gegen Feuersbrünste. Man hat also die heidnischen Gottheiten mit christlichen Namen „getauft" und dadurch sind die Heiden in die Volks- oder Staatskirche hineingeströmt.

Taufe und Mitgliedschaft

Heute ist es leider so, dass man in evangelische Großkirchen, Landeskirchen, Kantonalskirche „hineingetauft" wird durch die sogenannte Säuglingstaufe. Aber das ist in Wirklichkeit keine biblische Taufe, sondern man wird als Mitglied hineingenommen, ohne sich dagegen wehren zu können. Ich selber war ja als Säugling katholisch „getauft" worden, aber mit 18 Jahren bin ich wegen der vielen Sonderlehren bewusst aus der Römisch-Katholischen Kirche ausgetreten.

So aber bekommt man wegen der vielen „zwangsgetauften" Mitglieder eine Volkskirche zusammen. Später schiebt man die katholische Firmung oder evangelische Konfirmation nach. Aber beides ist nur ein Versuch, die christliche Lehre nachträglich zu vermitteln, was in den allermeisten Fällen leider nicht funktioniert. Der evangelische Konfirmationsgottesdienst war oftmals der letzte Gottesdienst, bei welchem man die betreffenden Jugendlichen in der Kirche gesehen hat. Mir haben manche landeskirchlichen Pfarrer mit traurigem Herzen bestätigt, dass viele Jugendliche aus der Kirche „hinauskonfirmiert“ wurden, nachdem sie ihre Geschenke zu diesem Fest erhalten hatten. Gott sei Dank gibt es auch Ausnahmen, aber sie sind eher selten.

Hier stellt sich für uns *alle* - ob Landes- oder Freikirchler - die Frage: *Nehmen wir den Glauben an Jesus Christus ernst - oder ist er für uns nur Tradition?* Denn natürlich besteht auch in Freikirchen und in sogenannten bibeltreuen Gemeinden die Gefahr, dass alles nur Tradition ist. Existiert kein Herzensglaube, kein lebendiger Glaube? Jeder von uns möge sich immer wieder prüfen, ob sein Glaube noch brennend für den Herrn ist - oder ob er zur Tradition erstarrt ist.

Sonderlehren der Römisch-Katholischen Kirche

Hier einige **Sonderlehren** im katholischen (und zum Teil auch im orthodoxen) Bereich:

- 355: Der römische Bischof beansprucht: Er sei der Papst, der direkte Nachfolger des Apostelfürsten Petrus.
- 375: Heiligenverehrung (nach Römer 1,25 Götzendienst) wird offiziell eingeführt.

- 397: Als Folge davon entwickelt sich der Reliquienkult (Überreste von verstorbenen Bischöfen und Heiliggesprochenen werden als wundertätig verehrt; magisches Denken).
- 431: Maria, die Mutter Jesu, wird als »Mutter Gottes« oder »Gottesgebärerin« dogmatisiert.
- 529: Es bilden sich die ersten Mönchsorden (Benediktiner) in Italien.
- 550: Einführung des »Sterbesakraments« (letzte Ölung)
- 592: Behauptung eines »Fegefeuers« nach dem Tod
- 688: Kreuze aus Holz, Stein oder anderen Materialien sollen angebetet werden.
- 715: Heilige sollen im »Gebet« angerufen werden können (nach 3. Mose 19,31 Spiritismus).
- 787: Bilder können verehrt werden (entgegen dem Bilderverbot aus 2. Mose 20,4).
- 1074: Die Priester sollen ehelos bleiben (Zölibat; entgegen 1. Timotheus 4,1-5; 1. Korinther 9,5).
- 1100: Seelenmessen für Verstorbene werden eingeführt.
- 1115: Der Ablass wird eingeführt (Freikauf von zeitlichen Sündenstrafen aus dem Fegefeuer durch Bußleistungen oder Geld).
- 1208: Das Rosenkranzbeten wird eingeführt (»Gebet« zu Maria; Spiritismus).
- 1215: Die Transsubstantiationslehre wird dogmatisiert (substantielle Verwandlung des Brotes und Weines in

den Leib und das Blut Jesu Christi zur Sündenvergebung).

- 1246: Einführung von »Fronleichnam« (Verehrung des »Leibes Christi« bzw. der Hostie im Tabernakel).
- 1414: Der Wein wird dem Kirchenvolk vorenthalten, es bekommt nur noch die Hostie (das Brot) – gegen Matthäus 26,27: »Trinket alle daraus!«.
- 1545: Tridentinisches Konzil mit folgenden Beschlüssen der Katholischen Kirche. Unter anderem: 1563: 1. Wer behauptet, allein durch den Glauben werde der Sünder gerechtfertigt, der sei ausgeschlossen! (aus der Kirche, von der Erlösung) 2. Wer behauptet, die empfangene Gerechtigkeit werde nicht vor Gott durch gute Werke vermehrt, sondern diese Werke seien nur Früchte und Zeichen der erlangten Rechtfertigung, der sei ausgeschlossen! 1564: Die Apokryphen werden zum Wort Gottes erklärt.
- 1854: Unbefleckte Empfängnis Marias wird dogmatisiert (Maria habe Jesus geboren, weil sie selbst sündlos war. Wäre Maria sündig gewesen, hätte auch Jesus Sünden gehabt) – gegen Römer 3,10: »Da ist keiner, der gerecht ist, nicht einer!«
- 1871: Die »Unfehlbarkeit« des Papstes wird behauptet und dogmatisiert.
- 1950: Maria sei leibhaftig zum Himmel aufgefahren (Mariä Himmelfahrt) (findet sich nirgends in der Heiligen Schrift)

7. Jahrhundert: Der Islam und die Ausbreitung des Antichristentums

Im frühen siebten Jahrhundert entstand eine Religion, die ganz besonders heutzutage einflussreich ist. Sie ist inzwischen schon die zweitgrößte Religion (wenn man das Christentum auch als „Religion" bezeichnet; aber wirkliches Christentum ist keine Religion, sondern lebendiger Glaube!). Es handelt sich um den Islam. Im Islam wird gelehrt, dass Allah keinen Sohn hat. In der Bibel findet sich genau das Gegenteil. So lesen wir zum Beispiel in 1. Johannes 2, 22: *„Wer ist ein Lügner, wenn nicht der, der leugnet, dass Jesus der Christus ist? Das ist der Antichrist, der den Vater und den Sohn leugnet."*

Im Unterschied zu religionsvermischenden Aussagen heutiger Kirchenvertreter schrieb der Reformator Dr. Martin Luther im 16. Jahrhundert über Mohammed und den Islam:

„Da ist Christus kein Erlöser, Heiland, König, keine Vergebung der Sünden, keine Gnade noch Heiliger Geist. Und was soll ich viel sagen: In dem Artikel ist's alles zerstört, dass Christus unter und geringer soll sein denn Mahomet (Mohammed). Wer wollte nicht lieber tot sein als unter solchem Regiment leben, da er seines Christi schweigen, und solche Lästerung und Greuel wider ihn sehen und hören muss, und reißt doch so gewaltig ein, wo er ein Land gewinnt, dass man sich auch williglich drein gibt. Darum bete, wer da beten kann, dass solcher Greuel nicht unser Herr werde, und wir nicht mit solcher schrecklichen Rute des göttlichen Zorns gestraft werden" (aus: Luthers Schrift vom Krieg wider die Türken. 1529, Walch-Ausgabe 2, Band 20, Spalte 2126,40).

Weitere antichristliche Strömungen

Außer dem Islam existieren natürlich - wenn man in die Gegenwart blickt - inzwischen noch viele weitere antichristliche Strömungen und Richtungen, etwa die liberale Theologie, die Zeugen Jehovas und viele andere Sekten. In allen diesen Strömungen findet man okkulte Wurzeln.

Die Begründer der Bibelkritik zum Beispiel waren zum Teil Freimaurer und Humanisten. Der Begründer der Zeugen Jehovas, Charles Taze Russel, hatte zu Freimaurern enge Beziehungen. Er hat die Göttlichkeit Jesu geleugnet. Auch viele andere Sekten besitzen okkulte Elemente. Die Mormonen etwa lehren ein spiritistisches System mit der „Höherentwicklung des Menschen zur Gottheitsstufe“. Die Anthroposophen haben ein System entwickelt, bei welchem der Mensch verschiedene geistleibliche Elemente besitzt. Man könnte diesbezüglich lange fortfahren.

Heute gibt es immer mehr Sekten, immer mehr religiöse Strömungen, die versuchen, Jesus als den einzigen Weg aus der Mitte zu schieben und fremde Gottheiten an die Stelle Jesu Christi zu setzen. Was steht aber in der Bibel?

Johannes 14, 6: Jesus Christus spricht: *„Ich bin der Weg und die Wahrheit und das Leben; niemand kommt zum Vater außer durch Mich.“*

16. Jahrhundert: Die Reformation und die Ausbildung unterschiedlicher Kirchen

Gehen wir zurück ins Hochmittelalter. In dieser Zeit wurde die Römisch-Katholische Kirche noch weiter ausgeformt. Im 11. Jahrhundert geschah die Aufspaltung in die Katholische und die Orthodoxe Kirche (siehe oben).

Im 16. Jahrhundert kam es zur Reformation. Man hoffte, dass es einen Aufbruch gebe, eine neue Erweckungsbewegung. Aber die Reformation, die lutherische und die reformierte Linie, haben diese nicht bis zum Ende geführt.

Dann sind die Täufer aufgetreten. Auch bei diesen fanden sich Auswüchse, schwärmerische Richtungen, so etwa das Täuferreich in Münster. In diesem wurden Irrlehren bis hin zur Gewaltherrschaft und Vielweiberei hin vertreten. Dieses Täuferreich wurde von der Katholischen Kirche bekämpft und blutig niedergeschlagen.

Im 16. Jahrhundert existierten aber auch echte täuferische Strömungen, etwa in der Schweiz. Die ersten Täufer wie Felix Manz, Balthasar Hubmaier und Michael Sattler wurden auf brutale Weise verfolgt und umgebracht. Daraus gingen dann später als friedvolle (nicht schwärmerische) Strömung die Mennoniten hervor (benannt nach dem Täuferführer Menno Simons).

Das ursprüngliche Mennonitentum ist mir eine der sympathischsten Richtungen in der Reformationsgeschichte. Hier wurde wirklich die Reformation zu Ende geführt, bis hin zur Glaubenstaufe und zur Friedfertigkeit. Es ist geistlich wertvoll, sich mit der Geschichte des Mennonitentums intensiv zu beschäftigen.

Aus den Mennoniten gingen später wiederum verschiedene Täufer-Strömungen hervor, etwa die Mennoniten-Brüdergemeinden und die Baptisten. Leider hat sich später im Mennonitentum und im Täufertum insgesamt auch ein liberaler Flügel entwickelt. Solche Gemeinden sind heute genauso bibelkritisch und zeitgeistig beeinflusst wie viele landeskirchliche Gemeinden. Auch da ist nicht alles Gold, was glänzt.

18. Jahrhundert: Die Französische Revolution und die Gottlosenbewegung

Nun folgt ein großer Sprung in die Neuzeit. 1789-1799 ereignete sich die Französische Revolution mit ihren Schlagworten: „Liberté– Fraternité – Égalité", „Freiheit – Gleichheit – Brüderlichkeit". Das klingt alles schön und gut, aber dahinter steckt letztlich der Atheismus. Der Mensch setzte sich auf den Thron. Die Herrschaft des einen Menschen über den anderen führte zu einer Gewaltherrschaft unter Robespierre und anderen. Diese schickten Abweichler, welche nicht mit diesem frühsozialistischen System mitmachen wollten, auf die Guillotine (Enthauptungsmaschine).

Weil die Revolution gescheitert ist und weil aus Unordnung nur weiteres Chaos entsteht, trat die Diktatur von Napoleon Bonaparte ein. Napoleon hat sich am 2. Dezember 1804 selbst zum Kaiser gekrönt, ohne den Papst. Das war damals etwas Neues. Er wollte zeigen: Wir sind ein säkularer Staat. Manche sagen, im Alter habe Napoleon noch zum Glauben an Jesus Christus gefunden. Es gibt gewisse Zeugnisse von ihm darüber, aber das ist umstritten.

Jedenfalls führte die Französische Revolution zur Ausbreitung der Gottlosen-Bewegung.

In Lukas 18, 8 lesen wir: *„Wenn der Sohn des Menschen kommt, wird er Glauben finden auf Erden?“* Die Ausbreitung der Gottlosen-Bewegung, des Atheismus erleben wir in der Neuzeit ganz besonders.

1948: Die Gründung des Staates Israel: Der Countdown des letzten Stadiums der Endzeit beginnt zu laufen!

Nun ein weiterer großer Sprung in die nähere Gegenwart. Am 14. Mai 1948 wurde der Staat Israel wieder ins Leben gerufen. Das ist - wie schon gesagt - nicht der Beginn der Endzeit, sondern der Anfang ihres letzten Stadiums. Es ist der Countdown zum Ende, der nun in immer schnelleren Entwicklungen ablaufen wird. Und wir leben mitten drin!

Wir lesen in Matthäus 24, 32-34:

„Von dem Feigenbaum aber lernt das Gleichnis: Wenn sein Zweig schon saftig wird und Blätter treibt, so erkennt ihr, dass der Sommer nahe ist. Also auch ihr, wenn ihr dies alles seht, so erkennt, dass er nahe vor der Türe ist. Wahrlich, ich sage euch: Dieses Geschlecht wird nicht vergehen, bis dies alles geschehen ist.“

Der Feigenbaum ist eines der wichtigsten Symbole für Israel (neben dem Weinstock und anderen Symbolen). Mit dem Geschlecht, das nicht vergeht, ist mit größter Wahrscheinlichkeit das Geschlecht der Juden gemeint, die nicht ausgerottet werden können, durch keine Diktatur der Welt – obwohl es viele versucht haben. *Wenn der Staat Israel wieder entsteht und die Völker rings umher sich gegen Jerusalem versammeln, ist das letzte Stadium der Endzeit eingeläutet.*

Aus Hesekiel 36-39, Sacharja 12-14, Römer 9-11 und anderen Voraussagen der Heiligen Schrift ergibt sich Folgendes: Alle Völker werden gegen Jerusalem in den Krieg ziehen und dann wird der Messias erscheinen. Den, welchen sie durchbohrt haben, Jesus, werden sie erkennen. Es wird zu einer Massenerweckung in Israel kommen. Dies und vieles mehr sagt die Bibel voraus.

Daran erkennen wir, wie weit wir in der Endzeit sind. Deshalb können Christen niemals Feinde Israels sein. Ich möchte das ganz deutlich betonen: Wirkliche Christen, welche die Bibel lesen, können niemals den Staat Israel ablehnen!

1967 / 68: Die Zurückeroberung Jerusalems und die Studentenrevolution

Jetzt machen wir einen Sprung in die andere Richtung. Der Staat Israel ist wieder entstanden – dies ist ein entscheidendes *positives* Zeichen der Endzeit. Aber zugleich gehen auch viele *negative* Entwicklungen damit einher. Die Bibel nennt uns zum Beispiel Gerichte, Katastrophen, Seuchen, Hungernöte und Erdbeben. Die Bibel spricht im zweiten Petrusbrief Kapitel 3 davon, dass die Elemente am Ende vor Hitze zerschmelzen werden und dass dieser Kosmos nicht ewig bestehen bleibt. Gott wird einen neuen Himmel und eine neue Erde erschaffen (Offenbarung 21 und 22).

Was ist in den Jahren 1967 und 1968 geschehen? Es gibt da eine positive Entwicklung und eine sehr negative Entwicklung in der Welt zeitgleich. Beides hängt miteinander zusammen.

Im Lukasevangelium Kapitel 21, Vers 22-24 heißt es: *„Denn das sind Tage der Rache, damit alles erfüllt werde, was geschrieben steht. Wehe aber den Schwangeren und den Stillenden in jenen Tagen! Denn es wird große Not im Land sein und Zorn über dieses Volk! Und sie werden fallen durch die Schärfe des Schwerts und gefangen weggeführt werden unter alle Heiden."*

Diese Prophezeiung bezieht sich auf die Zerstreuung des jüdischen Volkes ab 70 nach Christus in die ganze Welt.

Danach lesen wir in Lukas 21,24: *„Und Jerusalem wird zertreten werden von den Heiden, bis die Zeiten der Heiden erfüllt sind."*

Im Jahre 1967 ist das geschehen! Am 7. Juni wurde der Tempelberg in Jerusalem im Sechs-Tage-Krieg vom jüdischen Volk nach fast 2000 Jahren wieder zurückerobert. Jerusalem wurde nicht mehr von den nichtjüdischen Heidennationen zertreten. Es steht zwar immer noch der islamische Felsendom mit der Al-Aqsa-Moschee auf dem Tempelberg. Aber die Klagemauer ist für die Juden wieder zugänglich - ein Wunder Gottes!

Man kann sich jetzt fragen: Was heißt das eigentlich: *„bis die Zeiten der Heidennationen erfüllt* *sind"*? Nun, wir beobachten, dass weltweit immer mehr der Glaubensabfall um sich greift.

In dieser Zeit - ab der zweiten Hälfte der 1960er Jahre - nahmen beispielsweise folgende Entwicklungen ihren Anfang:

Die erste *Satanskirche* wird 1966 in Kalifornien gegründet.

1966 beginnt in Kalifornien die *Hippie-, Drogen- und Sexwelle,* die bald die halbe Welt erfasst.

Fernöstliche heidnische Kulte („Jugendreligionen") dringen in das „christliche Abendland" ein, vor allem Transzendentale Meditation (= die TM des Guru Maharishi Mahesh Yogi; im Westen seit 1958, doch weite Verbreitung erst seit der „Einweihung" der Beatles im August 1967), Hare Krishna (im Westen seit 1965), Children of God (seit 1968), Divine Light Mission (seit 1971) und Bhagwan (seit 1974).

1966 ruft Mao die *„Große Proletarische Kulturrevolution"* in China aus. Eine riesige Christenverfolgung setzt ein.

In der neomarxistisch geprägten *Studentenrevolte* 1967/68 wird der autonome, nur noch selbst über sich bestimmende Mensch propagiert, der sich von jeder staatlichen und göttlichen Autorität lossagt.

Gleichzeitig werden *Psychokulte und Gleichschaltungstechniken* wie die Gruppendynamik für immer mehr Menschen zur Ersatzreligion.

Der 2. Juni 1967 gilt als Geburtsstunde des deutschen *Terrorismus.* Damals wurde der Student Benno Ohnesorg bei einer Demonstration erschossen.

Ende der 60er Jahre erleben viele der späteren Vordenker der okkult-religionsvermischenden *New-Age-Bewegung* ihre fernöstliche „Erleuchtung", zum Beispiel

Fritjof Capra, Michael Murphy und Carl Friedrich von Weizsäcker.

1968 wird in New York die „National Association für Repeal of Abortion" (NARAL) gegründet. Sie soll die *Freigabe der Abtreibung* vorantreiben. Diese Saat des Todes ist inzwischen in vielen Ländern aufgegangen. (Einer der NARALGründer, Prof. Dr. Bernard Nathanson, ist später zum entschiedenen Gegner der Abtreibung geworden. Er drehte den Film „Der stumme Schrei"!)

Erschütternd, aber in Übereinstimmung mit der biblischen Prophetie ist die Tatsache, dass viele dieser Entwicklungen auch in den *Kirchen* ihre Entsprechung fanden:

So brach 1968 die *„moderne Seelsorgebewegung"* in die Kirchen ein - mit ihren gruppendynamischen Techniken und ihrer Schwerpunktverlagerung von theologischer Verkündigung zu psychologischer Beratung, von Offenbarung zu Erfahrung, von Gottes Wort zum Menschenwort.

1965 endete in Rom das *Zweite Vatikanische Konzil* der Katholischen Kirche. Es hatte die weitere Öffnung zur Welt und zu den nichtchristlichen Religionen beschlossen („aggiornamento"). Diese fand im interreligiösen „Friedensgebet" von Assisi 1986 ihren ersten erschütternden Höhepunkt.

Bei der vierten Vollversammlung 1968 in Uppsala kam es auch beim Genfer *„Ökumenischen Rat der Kirchen"* zu einem dramatischen Kurswechsel: Neben den innerchristlichen Dialog trat der Dialog mit den nichtchristlichen Religionen und Ideologien. Die Stelle des biblischen Missionsauftrages („Macht zu Jüngern alle Völker!"; Matthäus 28,19) nahm zunehmend der Gedanke einer „säkular-humanen Weltgemeinschaft aus allen Rassen, Kulturen und Religionen" ein.

Betrachtet man, welche Vielzahl von Entwicklungen in diesem engen zeitlichen Rahmen eingetreten ist, so ist man zunächst verblüfft. Und doch wird deutlich, dass sie alle in die gleiche Richtung zielen: *weg vom lebendigen Gott der Bibel und seinen Ordnungen.*

Die Älteren unter uns haben die 1968er Studentenrevolutionen erlebt. Ich war 1968 zehn Jahre alt und wurde in den Folgejahren selber aktiv in dieser Bewegung. Zum Beispiel bin ich in den 1970er Jahren als Schüler auf Demonstrationen gegen Atomkraftwerke gegangen. Die heutige „Fridays for Future“ - Bewegung ist nichts Neues - das haben wir schon im 20. Jahrhundert mitgemacht. Wir haben versucht, die Welt aus eigener Kraft zu verbessern.

Ich war damals noch kein entschiedener Christ, sondern kam erst mit 18 Jahren zum lebendigen Glauben. Dann habe ich erkannt: Was ich vorher getan hatte, war blinder Aktivismus. Diese geschaffene Welt hat keinen ewigen Bestand. Natürlich wollen wir ökologisch bewusst leben. Ich bin dagegen, die Schöpfung zu schädigen. Aber der Umweltschutz kann zu einer Ersatzreligion werden. Man meint dabei, dieses irdische Leben sei alles und wir müssten unseren Leib „ewig“ erhalten. Daher stammen die Versuche, menschliches Bewusstsein auf Computer zu übertragen, damit die Menschen ewig auf dieser vergänglichen Erde weiterleben können. Wie töricht ist das!

Ich freue mich dagegen als Christ auf den neuen herrlichen Auferstehungsleib. Ich freue mich darauf, als Kind Gottes im Himmel beim Herrn Jesus zu sein, und nicht in der ewigen Verdammnis. Denn nur wer Jesus Christus als Sohn Gottes, Erlöser und Herr in sein Leben aufgenommen hat, hat das Leben. Wer Jesus nicht hat, der hat das Leben nicht. Der Herr Jesus hat am Kreuz von Golgatha Sein Blut vergossen zu Deiner und meiner Erlösung. Hast Du ihn schon in Dein Herz aufgenommen?

Nun, was hat sich seit den 60er Jahren des 20. Jahrhunderts verändert? Es ist - wie wir sahen - ein noch nie zuvor gewesener Abfall vom christlichen Glauben eingetreten.

In meiner Kindheit war es zum Beispiel verboten, dass ein unverheiratetes Pärchen in einer gemeinsamen Wohnung zusammengelebt hat. Heute ist das alles „normal".

In meiner Kindheit war es noch strafbar, wenn jemand homosexuelle Beziehungen eingegangen ist. Das wurde dann Stück für Stück seit den 1970er /1980er Jahren und vor allem am 30. Juni 2017 durch den „schwarzen Freitag" (siehe unten) per Bundestagsbeschluss geändert.

Man fragt sich: Wie kann es sein, dass früher das Gesetz ganz anders war als heute? Was ist da geschehen? Gott sei Dank haben wir als Christen die Bibel als absoluten Maßstab und sind nicht auf relativistische Gesetzesänderungen angewiesen. Natürlich sind wir treue Staatsbürger gemäß Römerbrief Kapitel 13 - aber nur da, wo ein Gesetz nicht dem Wort Gottes und dem Gewissen des Christen, das sich am Wort Gottes orientiert, widerspricht.

1967 / 68 tobte die Studentenrevolution. Der Mensch der Gesetzlosigkeit, der Mensch der Sünde wurde propagiert. „Es gibt keinen Gott mehr – nein, wir selber machen uns zum Gott“, lautete die Parole. So wurde damals regelrecht die Gesetzlosigkeit zum Programm gemacht.

2. Thessalonicher 2, 1-12 ist eine wichtige Bibelstelle hierzu. Dort lesen wir: Bevor Jesus wiederkommt, wird erst der Abfall vom Glauben eintreten. Der Mensch der Sünde, der Mensch der Gesetzlosigkeit, der Antichrist wird sich offenbaren. Wörtlich lesen wir in 2. Thessalonicher 2,3-4:

„Lasst euch von niemand in irgendeiner Weise verführen! Denn es muss unbedingt zuerst der Abfall kommen und der Mensch der Sünde geoffenbart werden, der Sohn des Verderbens, der sich widersetzt und sich über alles erhebt, was Gott oder Gegenstand der Verehrung heißt, sodass er sich in den Tempel Gottes setzt als ein Gott und sich selbst für Gott ausgibt.“

Und weiter in Vers 7 und 8: *„Denn das Geheimnis der Gesetzlosigkeit ist schon am Wirken, nur muss der, welcher jetzt zurückhält, erst aus dem Weg sein; und dann wird der Gesetzlose geoffenbart werden.“*

Das ist eine schwierige Stelle, zu der es viele Deutungen gibt - vor allem zur Frage, wer oder was das Aufhaltende ist. Ich persönlich bin zu der Meinung gelangt: Es sind die noch guten, von Gott geprägten Ordnungen und deren Vertreter, welche dann hinweg getan werden. Wenn nämlich gute, vom christlichen Geist geprägte Gesetze weg sind, dann kann *der* Gesetzlose sich ohne großen Widerstand inthronisieren und triumphieren. Das Gegenteil vom Gesetzlosen (anomos) ist das Gesetz. Wenn dieses hinweg genommen ist, dann hat der Antichrist leichtes Spiel.

Wir stehen möglicherweise kurz davor, dass sich das vollends erfüllt. Wir wissen nicht, ob unsere Generation die Entrückung erlebt. Es wäre schön, wenn wir nicht durch das Todestal gehen müssen. Ich stelle mir oft die Frage: Wie lange hat Gott noch Geduld? Ich hätte nicht so viel Geduld wie Gott, der sich anschaut, wie viel Gottlosigkeit sich auf der Erde ausbreitet.

1997: Harry Potter und die Inthronisierung des Okkultismus

Nun kommen wir zum Jahr 1997. Was geschah da? 1997 wurde die okkulte Welle ganz besonders gefördert. Damals wurde der erste Roman der Reihe „Harry Potter" veröffentlicht, in welcher die Zauberei als salonfähig, als normal hingestellt wurde.

Früher hatte man überwiegend noch gesagt, dass Zauberei nicht gut ist. Aber durch den Trick, zwischen schwarzer und weißer Magie zu unterscheiden und die weiße Magie als gut hinzustellen, wurden dem Okkultismus Tür und Tor geöffnet.

Esoteriker unterscheiden gerne zwischen „schwarzer" und „weißer" Magie: Die *„schwarze"* Magie sei böse; hier würden finstere Mächte zu bösen Zwecken (z.B. Verfluchung, Schadenszauber) angerufen. Die *„weiße"* Magie dagegen sei gut; hier würden gute Mächte (Götter, Engel, gute Geister, angeblich sogar Gott) zu guten Zwecken in Anspruch genommen, wie Heilung, Erfolg, Reichtum, Glück in der Liebe u.ä.

Besteht hier wirklich ein Unterschied? Nein, denn auch bei der sogenannten „weißen" Magie wird Gott nicht wirklich als personales Gegenüber ernstgenommen und geehrt, sondern das, was man für „Gott" hält, wird zur Befriedigung der eigenen Macht-, Wissens- und Erfolgsgelüste missbraucht. Während der Christ im Vaterunser betet: „Vater unser im Himmel ... *dein* Wille geschehe“, spricht der Magier: „*Mein* Wille geschehe“ – und die hierbei angerufene „höhere Macht“ soll ihm willfährig sein.

Dieser Pseudogott der Magier und Zauberer, der Spiritisten und Schamanen, der Hindus und Animisten, der Theosophen und Anthroposophen und vieler anderer ist eine *unpersönliche Kraft* oder Energie, die je nach religiösem und weltanschaulichem System auch als Lebenskraft, Od, Prana, Chi, Kundalini, Shakti, Orgon, Bioenergie, Gaia, Allgeist, Akasha und ähnliches bezeichnet wird. Die Namen wechseln, die Erscheinung bleibt die gleiche. Diese Kraft fließt aus der Welt des satanischen „Lichtengels" (2. Korinther 11,14), um Menschen durch falsche Zeichen und Wunder zu blenden und von der wahren Quelle des Lebens – vom lebendigen, persönlichen Gott - fernzuhalten.

Der Kontakt mit der „Kraft" bzw. der Welt der Dämonen wird durch unterschiedliche Techniken hergestellt, die zwar in ihrem Ablauf variieren können, denen jedoch ein wesentlicher Schritt gemeinsam ist, nämlich die *Ausschaltung des Willens und des klaren Denkvermögens*, häufig verbunden mit einem einseitigen Ansprechen des Gefühls. Der Mensch soll in einen Zustand der *Passivität* und Wehrlosigkeit gelangen, in dem er für übersinnliche Einflüsse aufnahmebereit ist.

Techniken und Mittel, die zu diesem Zweck angewandt werden, sind die verschiedenen Formen der Suggestion und Hypnose, Meditationstechniken wie Yoga, Zen oder auch der anthroposophische „Weg“, die dauernde Wiederholung von Worten (auch „christlichen“ Worten), Formeln, Mantras, Melodien und Trommelgeräuschen, ekstatisierende und narkotisierende Musik (z.B. Techno), Drogen u.a.

Gott warnt uns vor solcher Versklavung durch Passivität und ruft uns im 1. Petrusbrief zu: „Seid nüchtern und wachet; denn euer Widersacher, der Teufel, geht umher wie ein brüllender Löwe und sucht, wen er verschlinge. Dem widersteht, fest im Glauben gegründet" (1. Petrus 5,8 f.).

2009: Die Wiederaufrichtung des Römischen Reiches in Gestalt der Europäischen Union

Gehen wir weiter zum 1. Dezember 2009. Dies ist der Termin, an dem der Lissabonner Vertrag der Europäischen Union in Kraft getreten ist. Viele Ausleger und auch ich sehen das so, dass wir seither im wiedererstandenen Römischen Reich leben, was Gott bereits vor Jahrtausenden durch den Propheten Daniel vorausgesagt hat.

In Daniel 2 wird vom Standbild des babylonischen Königs Nebukadnezar berichtet, welches die Weltreiche im Lauf der Geschichte symbolisiert. In Daniel 7 werden die Reiche als bestialische, brutale Reiche entlarvt. Da wird die Bestialität der scheinbaren Humanität aufgedeckt. Ein Reich und sein

Herrscher kann sich als sehr human ausgeben, aber in Wirklichkeit ist es tierisch, dämonisch, satanisch oder antichristlich geprägt.

Dieses Neurömische Reich zeigt sich in seiner Brutalität etwa darin, dass der Volkswille bei der Europawahl 2019 übergangen wurde. Es wurde schließlich jemand ganz anderes als EU-Ratspräsidentin eingesetzt als diejenigen, die sich eigentlich zur Wahl gestellt hatten. Das zeigt deutlich, wie abgehoben und volksfremd die Europäische Union funktioniert.

Gehen wir weiter zurück: Wurden wir als Bevölkerung gefragt, ob wir in eine Europäische Union eintreten wollen und ob wir wollen, dass die Deutsche Mark abgeschafft wird? Niemand wurde gefragt! Es wurde einfach von den Mächtigen hinter den Kulissen entschieden.

Wir wissen nicht viel, was Menschen an Drahtziehereien heimlich hinter den Kulissen machen. Aber *Einer* sitzt im Regiment. Das ist Gott. Das ist unser Herr Jesus Christus, Gottes Sohn. Es heißt in Daniel 2, dass am Ende ein Stein heran rollt und das Standbild, welches die Weltreiche symbolisiert, zertrümmert. Der Stein symbolisiert Jesus Christus. Er ist der Sieger. Ihm werden Macht und Herrschaft gehören in Ewigkeit.

Aus folgenden Gründen steht die Europäische Union (EU) in großer Gefahr, sich zu einer Diktatur zu entwickeln.

1. Nur in den wenigsten Ländern wurde die Bevölkerung befragt, ob sie der EU beitreten will.

2. Alle wesentlichen Entscheidungen in der EU werden zentralisiert.

3. Die Bevölkerung in den einzelnen Ländern und die nationalen Parlamente haben kaum Möglichkeiten, auf die laufende europäische Gesetzgebung Einfluss zu nehmen. Gelegentliche Wahlen und das mit hohen Hürden versehene Petitionsrecht können daran nur wenig ändern.

4. Die EU hat sich in allen entscheidenden Bereichen von Politik, Wirtschaft und Justiz de facto eine Totalermächtigung eingeräumt.

5. Die Bundesrepublik Deutschland büßt ihre Souveränität immer mehr ein, ebenso die anderen der EU angeschlossenen Staaten.

6. Das Recht der einzelnen Staaten (z.B. das deutsche Grundgesetz) wird zunehmend vom „Europarecht" verdrängt.

7. Das Bundesverfassungsgericht als höchstes deutsches Gericht muss seine entscheidenden Kompetenzen an den Europäischen Gerichtshof abgeben.

8. Die EU erstrebt Aufrüstung und eine Europa-Armee.

9. Die EU-Politik kann – insbesondere durch ihre „Nichtdiskriminierungs"-Klausel - eine Einschränkung der Meinungs- und Predigtfreiheit zur Folge haben.

10. Die Präambel und die Grundwerte-Definition des EU-Verfassungsvertrags stehen in wesentlichen Punkten im Gegensatz zum christlichen Glauben und könnten – besonders im Blick auf die „Nichtdiskriminierungs"-

Klausel - eine Christenverfolgung in Europa herbeiführen.

30. Juni 2017: Der „schwarze Freitag". Deutscher Bundestag stimmt mehrheitlich für „Ehe für alle"

Dann kam der 30. Juni 2017. Viele Christen nennen ihn den „schwarzen Freitag".[3]

Was geschah am 30. Juni 2017? An diesem „Schwarzen Freitag" hat der Deutsche Bundestag die sogenannte Ehe für alle verabschiedet – etwas, das es zuvor in unserem Land noch nie gab! Im Oktober 2017 ist dieser Beschluss dann in Deutschland in Kraft getreten.

„Ehe für alle" heißt nicht nur „Homo-Ehe", sondern - wenn man es zu Ende denkt - wirklich „Ehe für alle" und alles. Was da noch kommen könnte, möchte ich hier nicht alles beschreiben. Jedenfalls ist es die Auflösung der von Gott geschaffenen Ehe zwischen Mann und Frau.

In 1. Mose 1 und 2 steht ganz klar zu lesen, dass nach Gottes Willen die Ehe nur Ehe ist zwischen *einem* Mann und *einer* Frau. In Römer 1, 26-32 erfahren wir, dass Gott die Menschen dahingegeben hat in verschiedene Gelüste und dass sie sich selber

---

[3] Ein persönlicher Hinweis: Dieser Freitag war *ein* Tag zuvor, als wir am Samstag mit dem Bau unseres Bethauses in Pforzheim begannen. Die Zeiten sind dunkel geworden, aber wir bauen trotzdem. Wir lassen uns nicht einschüchtern. Wir werden, solange es Tag ist, wirken und missionarisch auf die Straße gehen. Wir wollen umso eifriger Dienste für den Herrn Jesus tun, solange es noch möglich ist.

schänden. Eine Ehe außerhalb der Gemeinschaft zwischen einem Mann und einer Frau entspricht nicht Gottes Wort und Willen. Es widerspricht Seinen Schöpfungsplan mit dem Auftrag *„Seid fruchtbar und mehret euch!“* (1. Mose 1,28).

Ich möchte an dieser Stelle einmal positive fünf Ziele, *fünf Segnungen der Ehe* kurz erwähnen:

Die erste Segnung ist die *Liebe* zwischen Mann und Frau, die so einmalig ist, dass sie sogar mit der Liebe zwischen Christus, dem HERRN und seiner Gemeinde in Epheser 5 verglichen werden kann. So wie Christus die Gemeinde liebt, so soll der Mann seine Frau lieben. Und die Frau soll ihren Mann ehren und sich ihm hingebungsvoll unterordnen. Das ist nicht schwer, wenn der Mann sie wirklich liebt. Ja, das geht dann Hand in Hand. Diese Liebe ist ein Abbild der Liebe Gottes.

Der zweite Zweck der Ehe ist die *Fruchtbarkeit*: „Seid fruchtbar und mehret euch!“ Die Menschheit würde aussterben, wenn alle ehelos blieben oder - wie jetzt in modernen Zeiten - die Homosexualität überhand nehmen würde. Dann wären wir alle nicht geboren worden. So hat allein die Ehe zwischen einem Mann und einer Frau ihren Zweck auch in der Fortpflanzung der Menschheit.

Der dritte Zweck der Ehe ist die *Freude*, hier ist auch die sexuelle Freude gemeint: „Freue dich an der Frau deiner Jugend!“, heißt es in Sprüche 5, 18. – Nicht an der Hure, sondern an der Frau deiner Jugend. Dieser Gegensatz steht insbesondere im Buch der Sprüche in Kapitel 5 bis 7 durchgängig im Zentrum.

Der vierte Sinn der Ehe ist, dass die Frau eine *Gehilfin* für den Mann ist – und dass natürlich auch der Mann der Frau dient, ein gegenseitiges Geben und Nehmen. Und doch ist sie geschaffen als Gehilfin, die um ihn sei. Das ist dann auch Freundschaft und Partnerschaft im besten Sinne, Dienstgemeinschaft für den HERRN.

Die fünfte Absicht der Ehe ist: Der *Schutz der Reinheit*, um Unzucht zu vermeiden. Und dazu gehört auch, dass man dem Willen Gottes gehorcht und es wirklich so auslebt. An dieser Stelle bedeutet dies, *ein* Fleisch zu sein, auch im sexuellen Gebiet. Gegenseitige Rücksichtnahme innerhalb einer Ehe sollte selbstverständlich sein.

20. und 21. Jahrhundert: Werden jetzt das Bild des Tieres und das Malzeichen des Antichristen Realität?

Nun noch einige weitere Hinweise auf Entwicklungen, an denen wir erkennen können, wie die Endzeit fortschreitet.

Im 20. und im beginnenden 21. Jahrhundert erfolgten revolutionäre technische Entwicklungen. Besonders einschneidend war die Erfindung des *Radios*, des *Fernsehens* sowie der *Computer- und Digitaltechnik.* Diese Entwicklungen haben manche Vorteile, aber auch große Nachteile.

Wir haben bewusst keinen Fernseher, weil wir wissen, wie viele Filme dort gesendet werden, welche die Seele vergiften: Gewalt, Pornographie, Lügen (leider bis hinein in manche Pressemeldungen), so dass man lieber die Finger davon lässt.

Im Computerbereich müssen viele von uns arbeiten. Ich habe auch einen Computer. Digitaltechnik erleichtert in vielen Bereichen das Arbeiten und Leben. Doch auch da muss man genau auswählen, was man ansieht.

Wie oft weinen wir heutzutage um Kinder und Jugendliche, wenn wir sehen, was sie durch Medienmissbrauch ihren armen Seelen antun. Wenn die Kinder mit Gottes Gegenwart rechnen und den Schmerz ihrer Eltern erkennen würden, würden sie vielleicht anders handeln.

In meiner Kindheit in den sechziger Jahren gab es *ein* Fernsehprogramm - und da kamen oft noch christliche Filme. Das ist heute ganz anders. Heute sind es tausende Dinge, die auf die Kinder einströmen, und sie kommen gar nicht mehr zur Ruhe.

Liebe Seele, liebes Kind, lieber Jugendlicher, lieber Erwachsener, wo hast Du denn Stille vor dem Herrn? Wo gehst Du ganz allein in das stille Kämmerlein oder in den Wald und betest zu Gott? Wann hast Du das zum letzten Mal gemacht?

Wenn ich nicht immer meine Stille hätte, auch im Wald, wenn ich unterwegs bin in der Natur, aber natürlich auch im Gottesdienst und im stillen Kämmerlein, ja wo wäre ich dann geistlich? Wenn wir nicht mehr die Zeit haben, stille vor Gott zu werden, dann gehen wir früher oder später verloren.

Viele technische Entwicklungen sind ambivalent, also zweischneidig. Man kann sie zum Guten benutzen oder zum Bösen. Man kann telefonieren, man kann im Internet „surfen“, man kann sich auch so manches anschauen, aber man muss genau auswählen, was man anschaut.

Du hast eine Verantwortung vor Gott, zwischen Gut und Böse zu unterscheiden. *Du sollst das Gute wählen und nicht das Böse!* Das ist Gottes Wille für jeden von uns. Wenn du dich verunreinigt hast mit Bösem, mit Schmutzigem, dann bitte Gott um Reinigung deines Herzens.

Durch die moderne Technik werden *das Bild und das Malzeichen des Antichristen* technisch möglich wie nie zuvor. Ich sage nicht, dass Mikrochips oder Nanopartikel eindeutig identisch mit dem Malzeichen des Tieres gemäß Johannesoffenbarung Kapitel 13 sind, aber sie sind bestimmt eine Zwischen- oder Vorstufe (vielleicht auch schon die Endstufe).

Es ist ein Beweis für die Existenz Gottes und die Wahrheit der Bibel, dass der Apostel Johannes vor 2000 Jahren auf der Insel Patmos das offenbart bekommen hat, was wir heute zusehends erleben. Damals gab es kein Fernsehen, keine Computer, keine Digitaltechnik – und doch ist die heutige Technik in prophetischer Sprache vorausgesagt.

In Offenbarung 13 ist die Rede von „zwei Tieren“. Das erste ist der Antichrist, das zweite der falsche Prophet. Wir lesen ab Vers 11 (mit Erklärungen von mir):

„Und ich sah ein anderes Tier (den falschen Propheten) *aus der Erde aufsteigen, und es hatte zwei Hörner gleich einem Lamm* (es ahmt Jesus nach) *und redete wie ein Drache* (wie Satan).

Und es übt alle Vollmacht des ersten Tieres (Antichrist) *aus vor dessen Augen und bringt die Erde und die auf ihr wohnen dazu, dass sie das erste Tier* (den Antichristen) *anbeten, dessen Todeswunde geheilt wurde.*

Und es tut große Zeichen, sodass es sogar Feuer vom Himmel auf die Erde herabfallen lässt vor den Menschen. (Heute existiert eine Zeichen- und Wundersucht, gerade in pseudo-charismatischen Kreisen.)

Und es verführt die, welche auf der Erde wohnen, durch die Zeichen, die vor dem Tier zu tun ihm gegeben sind, und es sagt denen, die auf der Erde wohnen, dass sie dem Tier, das die Wunde von dem Schwert hat und am Leben geblieben ist, ein Bild machen sollen. (Eine prophetische Anknüpfung an Nebukadnezars Standbild aus Daniel 2).

Und es wurde ihm gegeben, dem Bild des Tieres einen Geist zu verleihen, sodass das Bild des Tieres sogar redete und bewirkte, dass alle getötet wurden, die das Bild des Tieres nicht anbeteten.

Ich stelle mir das so vor, dass der Antichrist sich über die Massenmedien (Computer, Handys, Smartphones …) der ganzen Welt zeigen wird. Er wird sich einfach einblenden. Dabei wird alles andere ausgeblendet und er wird zu der Menschheit sprechen. Wer sich dann nicht unterwirft, wird getötet werden.

Und es bewirkt, dass allen, den Kleinen und den Großen, den Reichen und den Armen, den Freien (also freiwillig: die Freien!) *und den Knechten, ein Malzeichen gegeben wird auf ihre rechte Hand oder auf ihre Stirn, und dass niemand kaufen oder verkaufen kann als nur der, welcher das Malzeichen hat oder den Namen des Tieres oder die Zahl seines Namens.*

Das ist möglich durch die heutige Technik, sogar Nanotechnik. Man sieht das Malzeichen kaum noch oder gar nicht mehr. Die Tätowierungs-Welle ist eine Vorstufe hierzu! Sie bewirkt, dass die Menschen nichts mehr empfinden, wenn sie am Körper irgendwo ein Malzeichen draufmachen. Sie sind ja schon tätowiert, also fällt dies gar nicht mehr auf.

Auch das ist vom Teufel veranlasst. In den Mosebüchern (3. Mose 19, 28) steht: *Ihr sollt euch nicht tätowieren lassen.* Das ist Gott ein Gräuel.

Es geht hier also um die Endzeiterfüllung, wenn dieses Malzeichen kommt. Technisch ist heute bereits alles möglich.

Das Malzeichen ist übrigens nicht der Sonntag, wie Adventisten behaupten. Nein, das Mal-zeichen ist etwas, das mit Kaufen oder Verkaufen zusammenhängt. Man wird bei Nichtannahme vom Warenverkehr ausgeschlossen.

Hier ist die Weisheit! Wer das Verständnis hat, der berechne die Zahl des Tieres, denn es ist die Zahl eines Menschen, und seine Zahl ist 666.

Es ist die dreifach gesteigerte Zahl des Menschen, die dreifache 6, die niemals an die göttliche sieben (oder 777) herankommen. Immer eins weniger hat der Mensch, der Gott sein will und doch nicht an die sieben herankommt. Der dieses Malzeichen annimmt, ist es, der bei der dreifach gesteigerten sechs stehen bleibt und so in die Verdammnis stürzt, zusammen mit dem Antichristen und seinem falschen Propheten.

Deshalb, falls wir in diese Zeit hineinkommen, nehmt niemals das Zeichen des Antichristen an! Lasst euch nichts auf die Haut auftragen! Das kann mit den heutigen Zahlungsarten und einem vielleicht weltweiten Impfzwang angesichts zunehmender Seuchen (siehe unten) unter Umständen sehr schnell gehen.

21. Jahrhundert: Die Züchtung von Mischwesen und das Streben des Transhumanismus nach Gottgleichheit

Ein weiterer Punkt, der noch schockierender ist: Man beginnt heutzutage im 21. Jahrhundert, *Mischwesen* zu züchten. In Japan wurde vor einiger Zeit erlaubt, dass Forscher im Labor genetisch Mischwesen aus Mensch und Tier erzeugen können. Dies wird vielleicht gelingen, aber solche armen Geschöpfe des Menschen werden nicht lange überlebensfähig sein. Der Mensch greift hier massiv in Gottes gute und wohlgeordnete Schöpfung ein. Es ist ein weiterer Frevel, wodurch der Mensch Gott spielen will.

Auch der *Transhumanismus* sei hier erwähnt. Hierbei versucht man, dem Menschen Unsterblichkeit zu verleihen, indem sein Körper mit Ersatzteilen versehen und mit Maschinen verbunden wird. Sein Bewusstsein wird auf Computer übertragen. Solche Cyborgs sind aber ebenfalls ein Frevel gegenüber Gott und Seiner guten Schöpfung. *Es ist dem Men-*

schen bestimmt, einmal zu sterben – danach folgt das Gericht (Hebräer 9,27).

Genauso war es in 1. Mose 6, bevor die Sintflut kam, beschrieben. Dort wird berichtet, dass sich die Gottessöhne mit den Menschentöchtern verbunden haben. Gottessöhne haben sich Menschentöchter genommen und zusammen die Riesen der Urzeit gezeugt.

Ich verstehe das so, dass diese Gottessöhne nicht Patriarchensöhne waren, sondern höchstwahrscheinlich gefallene Engel, Dämonen, die in Männerleiber hineingeschlüpft sind und sich so mit Frauen vermischt haben. Dadurch sind Giganten entstanden, so wie Herkules. Es sind noch Erinnerungen an die Riesen der Vorzeit in der Mythologie der Griechen und anderer Kulturen erhalten.

Heute wird den Menschen nahegebracht, dass dies alles normal sei. Die Giganten heißen heute Superhelden, Außerirdische usw. In Romanen, Comics und Filmen wird solches überall verbreitet – und Gott wird zur Seite gedrängt.

Gibt es nicht auch auf dem Smartphone in bestimmten Apps diese Mischwesen aus Mensch und Tier? Hat das irgendjemand schon „gespielt", dass ihr plötzlich wie ein Schweinchen ausseht oder wie ein Elefant oder sonst was? Man kann sich heute spielerisch als Schwein oder alles Mögliche verändern lassen.

Das mag harmlos und lustig aussehen, aber überlegt einmal: Es gibt einen Gewöhnungseffekt. Man gewöhnt sich daran - und wenn irgendwann einmal Mischwesen gezüchtet werden, dann wirkt das genauso alltäglich wie bei den Computerspielen. Es ist und bleibt aber ein Frevel gegen Gott!

Seid wachsam! Lernt, Gut und Böse zu unterscheiden und heilige Grenzen zu wahren! Es ist so, dass ganze Industriezweige in Filmwesen, Technik, Medizin und anderen Bereichen daran arbeiten, Gott überflüssig zu machen und durch Ersatzgötter Menschen von Jesus wegzuziehen.

Wir wollen dabei nicht mitmachen, sondern umso mehr in der stillen Zeit das Wort Gottes lesen. Nur so können wir uns geistlich stärken lassen, damit wir bereit sind, dem HERRN zu begegnen. Lasst uns nicht in die Fallen hineintappen, die der Teufel uns stellen will!

2020: Corona - ein winziges Virus und die weltweiten Folgen

Das Jahr 2020 begann mit riesigen Bränden in Australien und furchtbaren Heuschreckenschwärmen in Afrika. Und darauf folgte die weltweite Ausbreitung des Corona-Virus SARS CoV-2 mit der Krankheit Covid-19.

Die Angst vor der Ausbreitung dieses gefährlichen Virus hat fast auf der ganzen Erde zu Maßnahmen geführt, wie wir diese seit dem Zweiten Weltkrieg noch nie erlebt haben: Versammlungsverbot, Schulschließungen, Ausgangssperren, weitgehende Lahmlegung der Wirtschaft. Mit dem Versammlungsverbot kam auch das Verbot von öffentlichen Gottesdiensten, was es selbst in Kriegszeiten in dieser Weise noch nie gab.

Corona – dieses Wort steht für eine in unserer Generation noch nie zuvor erlebte Krise! Zugleich halten es viele Christen für ein deutliches Reden Gottes in der Endzeit, für einen vielleicht letzten Ruf zur Umkehr. Auch ich sehe dies so.

Der heilige Gott spricht: *„Wenn Ich den Himmel verschließe, sodass es nicht regnet, oder den Heuschrecken gebiete, das Land abzufressen, oder wenn Ich eine Pest (Seuche) unter Mein Volk sende und Mein Volk, über dem Mein Name ausgerufen worden ist, demütigt sich, und sie beten und suchen Mein Angesicht und kehren um von ihren bösen Wegen, so will Ich es vom Himmel her hören und ihre Sünden vergeben und ihr Land heilen. So sollen nun Meine Augen offen stehen und Meine Ohren achten auf das Gebet an diesem Ort"* (2. Chronik 7-13-15).

Das sagte Gott zum König Salomo ca. im Jahre 950 vor Christus bei der Einweihung des Tempels in Jerusalem. Diese Botschaft Gottes gilt aber zugleich für *jede* Zeit in der Geschichte, auch für uns heute!

Gott sendet Gerichte wie Dürre, Heuschrecken und Seuchen, damit die Menschen in sich gehen, über ihre falschen Wege nachdenken und zum lebendigen Gott umkehren. Tun sie das, dann wird Gott ihnen gnädig sein. Tun sie es nicht, dann setzt sich Gottes Gericht bis zum völligen Untergang fort.

Immer wieder hat Gott Propheten geschickt, die das Volk Israel zur Umkehr aufgerufen haben. Als Höhepunkt sandte Er Seinen Sohn Jesus Christus, der Sein Leben am Kreuz auf Golgatha zur Sühnung unserer Sünden hingab. Jeder Mensch, der zu Gott umkehrt und Jesus Christus als Erlöser und Herrn im Glauben in sein Herz aufnimmt, wird gerettet. Wer aber Jesus Christus und Sein Erlösungswerk ablehnt, geht ewig verloren.

Auch heute erschallt der Ruf zur Umkehr mit Macht und Deutlichkeit. Kürzlich sagte mir ein Nachbar über den Zaun hinweg, von dem ich bisher nicht wusste, ob er gläubig war: „Das mit dieser Seuche hat Gott zugelassen, weil die Menschen nichts mehr von ihm wissen wollen." „Sehr wahr!", antwortete ich ihm.

Viele Menschen sind zurzeit am Nachdenken darüber, wie schnell das gewohnte Leben sich ändern kann und was wohl hinter den sich überstürzenden Krisen steckt. Verschwörungstheorien machen sich breit, die vielleicht ein Körnchen Wahrheit enthalten können, aber die man nicht blind übernehmen sollte – genauso wie man offizielle Meldungen in den Nachrichten kritisch verfolgen sollte.

Als Christen haben wir einen festen Maßstab, auf den wir uns verlassen können – und das ist die Bibel, das Wort Gottes. In der Bibel ist alles vorausgesagt, was wir jetzt in der Endzeit erleben. Und aus der Bibel erfahren wir, dass es noch schlimmer kommen wird, wenn die Siegel-, Posaunen-, Donner- und Zornschalengerichte der Johannesoffenbarung über die Welt losbrechen.

Aber sogar noch inmitten dieser allerletzten Gerichte ertönt der Ruf Gottes: *„Fürchtet Gott und gebt ihm die Ehre, denn die Stunde Seines Gerichts ist gekommen; und betet den an, der den Himmel und die Erde und das Meer und die Wasserquellen gemacht hat!"* (Offenbarung 14,7).

Werden die Menschen in unserem Land und in den anderen Ländern der Erde diesen Ruf noch hören? Auch die Politiker, Journalisten, Richter, Wirtschaftsführer usw., die unser Volk durch gottlose Politik, Gesetze und Berichterstattung an den Rand des Abgrunds geführt haben? Oder wird sich jetzt schon das Wort aus der Heiligen Schrift erfüllen:

„Und die übrigen Menschen, die durch diese Plagen nicht getötet wurden, taten doch nicht Buße über die Werke ihrer Hände, sodass sie nicht mehr die Dämonen und die Götzen aus Gold und Silber und Erz und Stein und Holz angebetet hätten, die weder sehen noch hören noch gehen können. Und sie taten nicht Buße, weder über ihre Mordtaten noch über ihre Zaubereien noch über ihre Unzucht noch über ihre Diebereien" (Offenbarung 9,20-21).

Möge GOTT der HERR schenken, dass noch viele Menschen zu Ihm, dem lebendigen Gott der Bibel, umkehren und JESUS CHRISTUS, den Sohn Gottes, in ihr Herz aufnehmen!

Möge GOTT es schenken, dass die gottlosen Gesetze der letzten Monate, Jahre und Jahrzehnte aufgehoben werden, z.B. die fast völlige Freigabe der Abtreibung und aktiven Sterbehilfe in unserem Land, die Erlaubnis von Gotteslästerung, Pornographie, Drogenmissbrauch, Götzendienst, Okkultismus und der sogenannten „Ehe für alle". Wird solches rückgängig gemacht, dann wird Gott unserem Land und Volk vielleicht noch einmal gnädig sein und Seine Gerichte zurückhalten!

Vor allem gilt: Machen wir uns persönlich – jeder einzelne Mensch – bereit, jederzeit dem lebendigen Gott zu begegnen, indem wir unser Herz durch das

Blut Jesu Christi reinigen lassen und Ihm im Glauben nachfolgen.

Gottes Wort ist wahr. Jesus kommt bald.

Wir haben jetzt vieles über die Zeitentwicklungen gehört - und das bestätigt uns *positiv*, dass Gottes Wort wahr ist. Es ist alles in der Bibel vorausgesagt!

Wenn ihr die Bibel lest, werdet ihr Wunder über Wunder entdecken. Prof. Werner Gitt hat darauf immer wieder darauf hingewiesen, dass es über 6000 Verse mit Prophetie in der Bibel gibt. Über die Hälfte der darin enthaltenen Voraussagen hat sich bereits erfüllt. Und der Rest wird sich auch noch erfüllen. Ja, Gott existiert und die Bibel ist wirklich Gottes Wort!

So gilt für uns, dass wir fröhliche Christen sein können - auch in dieser dunkler werdenden Endzeit. Der Herr Jesus sagt: *„Wenn ihr seht, dass dies zu geschehen beginnt, dann erhebt eure Häupter, weil ihr erkennt, dass sich eure Erlösung naht!"* (Lukas 21,28).

Jesus Christus kommt wieder. Er kommt bald und wir wollen für die Begegnung mit Ihm bereit sein. Wir wollen Ihm durch diese Endzeit hindurch die Treue halten, kein Malzeichen annehmen, nicht bei den antichristlichen Entwicklungen mitmachen und als Gemeinden um Bewahrung vor den modernistischen Einflüssen beten. Möge der HERR uns allen gnädig sein. Amen.

Wie weit sind wir in der Endzeit?

Einige markante Jahreszahlen als Erfüllung des in der Bibel Vorausgesagten!

Ca. 30 n. Chr.: Jesu Kreuzigung und Auferstehung, die Entstehung der christlichen Gemeinde. Die Zeit der Gnade beginnt.

Ca. 90 n. Chr.: Offenbarung an Johannes auf Patmos. Gewaltigster Einblick in die Welt- und Heilsgeschichte bis ans Ende

2. und 3. Jahrhundert n. Chr.: Entstehung der katholischen Kirche mit vielen Sonderlehren aus dem Heidentum: Heiligenkult, Reliquien, Aberglaube, Fasching, Papstherrschaft usw.

Frühes 7. Jahrhundert. Entstehung des Islams als antichristliche Religion (1. Johannes 2,20)

1789-1799: Französische Revolution mit Ausbreitung des Atheismus (Lukas 18,8)

14. Mai 1948: Staatsgründung Israels: Der Feigenbaum blüht (Matthäus 24,32-34)

7. Juni 1967. Eroberung des Tempelbergs in Jerusalem im 6-Tage-Krieg (Lukas 21,20-24)

1968: Studentenrevolution mit Propagierung des Menschen der Gesetzlosigkeit
(2. Thessalonicher 2,1-12)

26. Juni 1997: Veröffentlichung des ersten Bandes von Harry Potter, massive Okkultisierung der Jugend (2. Korinther 11,14; 5. Mose 18,9 ff.)

1. Dezember 2009: Inkrafttreten des Lissabonner Vertrags der Europäischen Union, Wiederauferstehung des Römischen Reiches, aus dem der Antichrist hervorgeht (Daniel 2 und 7, Offenbarung 13, Offenbarung 17)

30. Juni 2017: „Schwarzer Freitag“: Deutscher Bundestag verabschiedet die „Ehe für alle“, Auflösung der von Gott geschaffenen Ehe zwischen Mann und Frau (1. Mose 1,27; 1. Mose 2,24; 3.Mose 18,22; Römer 1,26-32)

20. Jahrhundert: Erfindung des Fernsehens sowie der Computer- und Digitaltechnik: Bild und Zeichen des Tieres werden technisch möglich (Offenbarung 13,14-18)

21. Jahrhundert: Man beginnt, mittels Gentechnik Mischwesen von Mensch und Tier zu züchten (vgl. die Mischwesen in 1. Mose 6,1-4, worauf GOTT die Sintflut sandte)

2020: Auftreten der Corona-Krise mit massiven Einschränkungen des öffentlichen Lebens in vielen

Staaten, Versammlungsverboten, Kirchenschließungen, Wirtschaftkrise …

Wie lange noch hat GOTT Geduld und hält Sein Gericht zurück?
Bist Du erlöst durch Jesu Blut und bereit, GOTT zu begegnen?
Der HERR segne Dich!
Dein Lothar Gassmann
Logass1@t-online.de
www.L-Gassmann.de

Einige Bücher von Dr. Lothar Gassmann zur Vertiefung von hier angesprochenen Themen:

Was kommen wird. Wiederkunft Christi, Antichrist und Zeichen der Zeit

Was ist Kirche? Papstkirche, Staatskirche oder Gemeinschaft der Glaubenden?

Was glauben Katholiken? Was lehrt der Vatikan?

Ökumene – Rettung oder Verführung?

Israel – Gottes Zeiger an der Weltenuhr

Was wollen die Grünen wirklich?

Esoterik als Lebenshilfe? Astrologie, Spiritismus, Magie und Zauberei

EU-Superstaat, Vatikan und Neue Weltordnung. Was darf man in Europa noch sagen?

Die Traurede Gottes. Was Gott über die Ehe offenbart

Die Johannesoffenbarung erklärt

Coronakrise – ein Ruf zur Umkehr

Achtung Endzeit! Ein Weckruf in später Stunde

Diese und zahlreiche weitere Bücher sind erhältlich unter: www.L-Gassmann.de

Der Countdown läuft

Wie weit sind wir in der Endzeit?

In immer schnellerem Tempo nehmen die Endzeitentwicklungen Fahrt auf: 1948 Staatsgründung Israels, 1968 Ausbreitung der Gesetzlosigkeit, 1997 Harry Potter und Okkultismus-Welle, 2009 Wiederauferstehung des Römischen Reiches, 2017 „Ehe für alle“, 2020 weltweite Corona-Seuche und weitere Katastrophen.

Das zeigt uns: Jesus Christus kommt bald wieder. Wir wollen für die Begegnung mit Ihm bereit sein. Wir wollen Ihm durch diese Endzeit hindurch die Treue halten, kein Malzeichen annehmen, nicht bei den antichristlichen Entwicklungen mitmachen und als Gemeinden um Bewahrung vor den modernistischen Einflüssen beten.

Dieses Buch des Experten für Endzeit-Entwicklungen und aktuelle Zeitfragen, Dr. Lothar Gassmann, kann hierbei eine Hilfe sein.